ARCHITEKTURPREIS DES LANDES STEIERMARK 2021 TO OPEN SPACES – ENTGRENZUNG VON RAUM UND ZEIT

(HG./EDS.) HAUS DER ARCHITEKTUR, BEATE ENGELHORN, GABI SCHILLIG

HAUS DER ARCHITEKTUR

Architekturpreis des Landes Steiermark 2021
The Styrian Architecture Award 2021

Christopher Drexler, Kulturlandesrat / Minister for culture

1980 wurde der Architekturpreis des Landes Steiermark erstmals vergeben. 41 Jahre später geht dieser renommierte Preis an das studio WG3 mit Albert Erjavec, Matthias Gumhalter, Christian Reschreiter und Jan Ries. Nach wie vor steckt hinter dem Architekturpreis die Wertschätzung und Anerkennung zeitgenössischer Architektur inklusive des Bekenntnisses zu einer regional, national und international strahlenden steirischen Architekturszene, deren Projekte in eine breite Öffentlichkeit getragen werden sollen.

Baukunst und Baukultur als Teil eines vielschichtigen Kulturlandes sind nicht nur architektonische Begriffe, sie umklammern auch künstlerische Elemente und Ausdrucksweisen. Um es mit einem Zitat des berühmten Architekten Le Corbusier zu pointieren: „Man schafft Steine, Holz, Zement herbei; man macht mit ihnen Häuser, Paläste, das ist Sache der Konstruktion. Der Erfindungsgeist ist am Werk. Aber mit einem Mal greift es mir ans Herz, tut mir wohl, ich bin glücklich, ich sage: Das ist schön. Das ist Architektur. Die Kunst ist anwesend."

Das Gebaute ist nicht nur Ausdruck unserer Kulturtechniken, sondern spiegelt über die räumlichen Erlebniswelten auch Künstlerisches und Kreatives wider.

In 1980, the Styrian Architecture Award was conferred for the first time. Now, forty-one years later, the recipients of this prestigious prize are the proprietors of studio WG3: Albert Erjavec, Matthias Gumhalter, Christian Reschreiter and Jan Ries. The aim of the Styrian Architecture Award is to express recognition and appreciation for contemporary architecture, including a commitment to the Styrian architecture scene, with its regional, national and international reputation, whose projects are supported by a broad public.

The art of building and building culture as aspects of a multifaceted cultural landscape transcend architecture to encompass artistic elements and modes of expression as well. This can be underscored by citing the celebrated architect Le Corbusier: 'You employ stone, wood and concrete, and with these materials you build houses and palaces. That is construction. Ingenuity is at work. But suddenly you touch my heart, you do me good, I am happy and I say: "This is beautiful." That is architecture. Art enters in.' A building is not simply an expression of our cultural technologies; beyond the realm of spatial experience, it also mirrors the realm of artistic creativity.

From among the submitted projects, our curator Gabi Schillig—a professor of Spatial Design and Exhibition Design at the Berlin

Kuratorin Gabi Schillig, Professorin für Raumbezogenes Entwerfen und Ausstellungsgestaltung an der Universität der Künste in Berlin, hat aus den eingereichten Projekten das „Graz Museum Schlossberg" des Architekturbüros studio WG3 für den diesjährigen Architekturpreis vorgeschlagen: „Mauern, die das Areal über Jahrhunderte umschlossen haben, wurden geöffnet; es entstanden neue räumliche Übergänge und fließende, ineinander übergehende Sequenzen von Innen- und Außenräumen [...]." Auch die weiteren drei Projekte, die die Kuratorin für eine Anerkennung ausgewählt hat, stehen für qualitätsvolle Architektur, in der die Kunst anwesend ist: LAM ARCHITEKTUR STUDIO für das Projekt „KAI 36", alexa zahn architekten für das Projekt „Volksschule Leopoldinum – SmartCity" sowie KUESS Architektur für das Projekt „Schneebauer Geschwister".

Ich danke Gabi Schillig für ihre sorgfältige und professionelle Kuratorentätigkeit, dem Team des HDA für die Ausrichtung des Preises und die Erstellung dieses Jahrbuches. Ich gratuliere dem Team von studio WG3 auf das Herzlichste zu dieser hochverdienten Auszeichnung, ebenso den drei Anerkennungen. Ich wünsche allen viel Freude mit dieser Publikation zum Architekturpreis 2021.

University of the Arts—has selected the 'Graz Museum Schlossberg' by the architecture office studio WG3 for this year's prize: 'Walls that enclosed the site for centuries have been opened up; emerging now are new spatial transitions and flowing, interpenetrating sequences of interior and exterior spaces.' The other three projects selected by our curator for special recognition also exemplify high-quality architecture that is imbued with the spirit of artistic creativity: LAM ARCHITEKTUR STUDIO for the project 'KAI 36'; alexa zahn architekten for the project 'Volksschule Leopoldinum—SmartCity' (Leopoldinum Primary School—SmartCity), and KUESS Architektur for the project 'Schneebauer Geschwister' (Schneebauer Siblings).

My thanks go to Gabi Schillig for her meticulous and professional contributions as a curator, and to the HDA team for organising the award and producing this publication. My heartfelt congratulations to the team at studio WG3 upon receiving this well-deserved award, as well as to the recipients of the three special recognitions. I hope this publication on the Architecture Award 2021 will be a source of genuine delight for all.

Das kreative Herz der Steiermark
The Creative Heart of Styria

Beate Engelhorn, Leiterin HDA – Haus der Architektur, Graz / Director HDA

Die Steiermark ist das zweitgrößte Bundesland Österreichs. Im zweijährigen Rhythmus wird hier der Architekturpreis des Landes vergeben, der damit auch die besondere Bedeutung der Baukultur in der Steiermark hervorhebt. Das historische Zentrum ihrer Hauptstadt Graz wurde 1999 von der UNESCO zum Weltkulturerbe erklärt, die damit nicht nur dessen historisch erhaltenen Stadtkern anerkennt. Hervorgehoben werden insbesondere die in der Stadt enthaltenen verschiedenen „künstlerischen und architektonischen Strömungen", die die unterschiedlichen Einflüsse aus der geografischen Lage zwischen Balkan-, Alpen- und Mittelmeerregion im Stadtbild widerspiegeln.

Kunst und Kultur spielen hier bis heute eine wichtige Rolle. Die Baukultur erlebte in der Nachkriegsmoderne einen neuen Höhepunkt durch die international bekannt gewordene sogenannte „Grazer Schule", die mit ihrer expressiven Architektur ganz neue Facetten des baulichen Ausdrucks in das Stadtbild einbrachte. Viel Aufmerksamkeit erregte auch das 2003 eröffnete Kunsthaus von Peter Cook und Colin Fournier, das noch heute neben dem Schlossberg zu den meistfotografierten baulichen Ikonen der Stadt gehört.

Innerhalb dieser künstlerisch-kreativen Tradition kommt dem Architekturpreis des

Styria is Austria's second-largest federal state. Awarded every two years, the Styrian Architecture Award serves to highlight the importance of building culture in Styria. In 1999, Graz—the state capital—was declared a World Heritage Site by UNESCO, a decision that went beyond a recognition of the city's well-preserved historic centre. Emphasised in particular were the various 'artistic and architectural movements' found in Graz, which reflect the diverse influences arising from its geographical location between the Balkans, the Alps and the Mediterranean in the cityscape.

Art and culture continue to play a vital role here up to the present. During the era of post-war modernism, the city's building culture experienced a new highpoint through the so-called 'Grazer Schule', whose internationally recognized expressive architecture introduced entirely new facets into the architectural profile of the cityscape. Attracting considerable attention has been the Kunsthaus, designed by Peter Cook and Colin Fournier and inaugurated in 2003, which remains one of the city's most photographed architectural icons, alongside the Schlossberg.

In light of this tradition of artistic creativity, the Styrian Architecture Award assumes exceptional importance. The selection of

Landes Steiermark daher eine besondere Bedeutung zu. Die Auswahl des preiswürdigen Projekts wird nicht – wie so oft – durch eine Jury, sondern durch eine*n vom Land bestellte*n externe*n Kurator*in getroffen. Durch dieses Verfahren stellt sich die hiesige Architekturszene dem internationalen Austausch, sucht den unvoreingenommenen Blick der Außenstehenden auf das aktuelle Baugeschehen und repräsentiert damit die Diskurs- und Dialogfreudigkeit der Steiermark, ihrer Landesvertreter*innen und ihrer Menschen.

Die Kuratorin Gabi Schillig hat mit ihrer Auswahl für den Architekturpreis des Landes Steiermark 2021 das Thema „To Open Spaces" in den Fokus gerückt. Die damit verbundene Intention bezieht sich nicht nur auf den physisch erlebbaren Raum, sondern richtet sich gleichermaßen auf das „Öffnen" von Denk- und Handlungsräumen. Schilligs Auswahl zeigt Projekte, die in besonderer Weise den interdisziplinären, kreativen Prozess der Zusammenarbeit von Bau und Handwerk, Technik und Design, Tradition und Moderne abbilden. Die gestalterische Kraft, die hier begründet liegt, kann in dieser Publikation, aber auch in dem begleitenden Film über den Entstehungsprozess und die Menschen, die zusammen am Gelingen des Siegerprojektes gearbeitet haben, nachempfunden werden.

praiseworthy projects is not made—as so often—by a jury, but instead by an external curator who is appointed by the state government. This approach involves the local architectural scene in a process of international exchange, and solicits an impartial perspective of outsiders on current building activity, thus demonstrating an eagerness to engage in discussion and dialogue on the part of Styria, its representatives and its citizenry.

In making her selection for the award in 2021, curator Gabi Schillig has focused on the theme 'To Open Spaces'. The concern here is not exclusively with physically perceptible space, but equally with the 'opening up' of spaces of thought and action. Schillig chose to showcase projects that exemplify the interdisciplinary, creative process of collaboration between construction and craftsmanship, technology and design, tradition and modernity in very special ways. This publication, in conjunction with the accompanying film about the creation process and the people working together to make the winning project a success is designed to provide insight into the creative powers arising from this collaborative process.

GRAZ MUSEUM SCHLOSSBERG
STUDIO WG3, GRAZ

Den Film über das Graz Museum
Schlossberg finden Sie hier.

You can find the film about the
Graz Museum Schlossberg here.

ANERKENNUNGEN / RECOGNITIONS

KAI 36, GRAZ
LAM ARCHITEKTUR STUDIO, GRAZ

VOLKSSCHULE LEOPOLDINUM – SMARTCITY, GRAZ
ALEXA ZAHN ARCHITEKTEN, WIEN

SCHNEEBAUER GESCHWISTER, ST. STEFAN OB STAINZ
KUESS ARCHITEKTUR, LIEBOCH

GRAZ MUSEUM SCHLOSSBERG
STUDIO WG3, GRAZ

Fließende Räume
Spaces of Transition

Gabi Schillig, Kuratorin Architekturpreis des Landes Steiermark 2021 /
Curator The Styrian Architecture Award 2021

Die Architektur des neuen Schlossberg-Museums steht für das Auflösen von Raumgrenzen. Aus einer ehemals geschlossenen Festungssituation ist durch die transformierende Wirkung der Architektur ein offener Raum und ein Ort der kulturellen Teilhabe geworden. Dem Team des Grazer Architekturbüros studio WG3 ist ein bemerkenswerter Entwurf und eine herausragende Umsetzung gelungen: Mauern, die das Areal über Jahrhunderte umschlossen haben, wurden geöffnet; es entstanden fließende, ineinander übergehende Sequenzen von Innen- und Außenräumen, spielerische Rauminterventionen und Orte der Kommunikation.

Gerade in Zeiten, in denen sich die Frage nach der Zugänglichkeit öffentlicher Räume und Plätze immer drängender stellt, wird deutlich, dass es hier auch um das Zugänglich-Machen von gesellschaftlichen und geschichtlichen Zusammenhängen geht. Architektur, die Gestaltung von Raum, sollte im besten Fall Interaktion und Kommunikation – und demnach Öffentlichkeit und das Handeln aller – ermöglichen. Das Recht auf Teilhabe am kulturellen Leben und Zugang zu Bildung erfordert, dass diese Orte für alle Menschen frei zugänglich und nutzbar sind.

Die Figur eines im Boden eingelassenen Weges, ein Kreis, verbindet die Bastei mit

The architecture of the new Graz Museum Schlossberg is characterised by the dissolution of spatial boundaries. The transformative power of architecture has converted a formerly closed fortress situation into an open space and a place of cultural participation. The team of the Graz architectural office studio WG3 has achieved a remarkable design and an outstanding implementation: Walls that enclosed the site for centuries have been opened up; emerging now are new spatial transitions and flowing, interpenetrating sequences of interior and exterior spaces, playful spatial interventions and places of communication.

At a time when the issue of the accessibility of public spaces and squares has become increasingly urgent, there is also clearly a question here of rendering social and historical connections more accessible. At best, architecture, the design of space, enables interaction and communication—accordingly, it should provide a public arena for all. The right to participate in cultural life, along with access to educational resources, demands that these locations become freely usable by everyone.

Linking the bastion with the Schlossberg is a circular pathway that is set into the ground. The separation of inside and outside, of past

dem Schlossberggelände. Die Trennung von innen und außen, von Geschichte und Gegenwart wird aufgehoben. Das architektonische Konzept rückt vor allem die Gestaltung der Außen- und Freiräume in den Mittelpunkt – nicht nur ästhetisch, sondern auch hinsichtlich ihrer sozialen Qualitäten. Die reine Gestaltung von Baukörpern tritt in den Hintergrund. Der behutsame, ressourcenbewusste und gleichzeitig erneuernde Umgang mit dem historischen Bestand lässt den Eigensinn des Ortes bestehen.

Das Eingangsgebäude wird zur offenen, transparenten Torsituation und erweitert sich in den Garten hinein. Der im Hof gepflanzte kreisförmige Baumhain wird zu einem grünen Dach, einer lebendigen Architektur, die sich mit den Jahreszeiten stetig verändert. Entstanden ist ein Begegnungsort, aber auch ein Ort der Ruhe mit Sitzmöbeln, die frei veränderbar ihren Platz im Garten finden können. Der verbindende Weg leitet über in den Feuerwächtersaal, der mit beweglichen Wänden in seinen möglichen Funktionen offenbleibt.

Die rote Farbigkeit zieht sich im Inneren, genauso wie im Eingangsgebäude, über alle architektonischen Elemente: vom Boden über die Wände bis zur Decke und dem Mobiliar. Durch die unterschiedlichen glatten

and present, is dissolved. The architectural concept primarily focuses on the design of outdoor and open spaces—not just aesthetically, but also in terms of their social dimensions. The design of the buildings themselves retreats into the background. The cautious, resource-conscious and renewable handling of the historical structure allows the original character of the place to assert itself.

The entrance building becomes an open, transparent gateway and extends towards the garden. The circular grove of trees that has been planted in the courtyard becomes a green roof, a living architecture that changes continually with the seasons. Emerging here is a place of encounter, but also of quiet and calm, whose seating furniture can be used in a mobile, flexible way. The connecting path leads toward the Feuerwächtersaal (Fire Guards' Hall), whose movable walls allow for a variety of possible uses. Just as in the entrance building, the red colour scheme is consistently applied to all architectural elements: from the floor to the walls to the ceiling, and even the furniture.

Red shades and nuances that merge into one another result from the different smooth and rough surfaces, rendering the spatial qualities created by the materials perceptible.

und rauen Oberflächen und Materialitäten ergeben sich ineinander übergehende Rottöne und Schattierungen, die material- bezogene Raumqualitäten spürbar werden lassen.

Im „Wundergarten" finden sich fantasievolle, spielerische Interventionen, die in enger Zusammenarbeit mit den Ausstellungsge- stalter*innen von BUERO41A entwickelt wurden. Erwachsene Besucher*innen und Kinder werden gleichermaßen zu Akteur*in- nen, die selbst aktivierend in das Erscheinen der am Schlossberg beheimateten Fabel- wesen eingreifen können. Auch hier fasziniert die abstrakte Übersetzung der Mythen, Sagen und Narrative in multisensorisch erfahrbare Materialitäten und Formen: Der „Elefant" wird zur haptisch-auditiven, interaktiven Skulptur; seltsame schwarze, rüsselartige Rohrelemente ragen aus der Erde, geben in regelmäßigen Abständen Laute von sich und ermöglichen im Inneren neue Einblicke in die Geschichte des Schloss- bergs. Der Boden der Installation wird zur weichen, instabilen grauen Elefantenhaut.

Steigt man in der Mitte des Hofes über eine Treppe hinab, gelangt man in die Kasematte, in der durch ein physisches, abstrahiertes Modell atmosphärisch die Geschichte des Schlossbergs weitererzählt wird. Durch eine

Found in the 'Garden of Wonders' are imag- inative, playful interventions that were developed in close collaboration with the exhibition designers of BUERO41A. Adults and children alike become active participants in shaping the appearance of the fabulous creatures that reside on the Schlossberg. A source of fascination here is the abstract translation of myths, legends and narratives into a variety of materials and forms that may be experienced in multisensory ways: the 'Elephant', for example, becomes an inter- active haptic-auditory sculpture; intriguing trunk-like tubular elements emerge from the ground, emitting noises at regular intervals, while offering new insights into the history of the Schlossberg in the interior. The floor of the installation, meanwhile, becomes a soft, unstable, grey elephant skin.

Walking down a flight of stairs in the middle of the courtyard, visitors arrive at the case- mate, where the history of the Schlossberg is told atmospherically through a physical, abstract model. This luminous projection alters continuously in transparency and spa- tiality, rendering the hidden dimensions of the hill visible. A lift has been integrated into the existing building, along with a new elongated, slanting platform, which leads like a ramp into the depths, making this subterranean realm accessible to all visitors for the first time.

Lichtprojektion verändert es sich stetig in seiner Transparenz und Räumlichkeit und macht verborgene Dimensionen des Bergs sichtbar. Ein in den Bestand integrierter Lift und eine ebenfalls neu eingezogene lange, schräge Ebene, die rampenartig in die Tiefe führt, machen den unterirdischen Raum erstmals für alle Besucher*innen zugänglich. Neben der Ausstellung im ehemaligen Kanonierhaus hinterlassen die Blickbeziehungen hinunter zur Stadt und ein haptisch erfahrbares Modell in der ehemaligen, offenen Kanonenhalle einen bleibenden Eindruck. Eine interaktive „Sehmaschine", ein schwenkbarer großer Bildschirm, hilft dabei, Vergangenheit und Gegenwart der Stadtarchitektur miteinander zu verbinden.

Durch die architektonische Gestaltung von studio WG3 ist auf dem Schlossberg ein öffentlicher Raum entstanden, der der Stadt, ihren Bewohner*innen und Besucher*innen im buchstäblichen Sinne zugewandt ist.

Besides the exhibition in the former Gunner's House, the views of the city and a model in the former open Cannon House, which is designed to be experienced haptically, leave a lasting impression. An interactive 'viewing apparatus'—a large moving screen—establishes links between the past of the city's architecture and its present.

The architectural design conceived by studio WG3 has created a public space on the Schlossberg that is oriented toward the city, its residents and its visitors in the most literal sense.

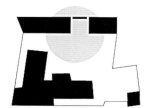

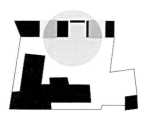

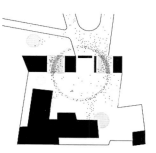

Barriere
Die Mauer bildet im bestehenden
Ensemble eine starke Barriere
und trennt den Hof vom Schlossberg.

Barrier
Within the existing ensemble, the
wall constitutes a solid barrier,
separating the courtyard from the
Schlossberg.

Verbindung
Der Kreis schafft die Verbindung
zwischen Bastei und Schlossberg.
Er löst die starke Barriere auf und
schafft eine Vielzahl von Qualitäten.

Connection
The circle creates a connection between
the Bastei (bastion) and the Schlossberg. It breaks up the solid barrier and
generates a multiplicity of qualities.

Öffnung
Mit öffentlichen Nutzungen entlang
des Kreises werden die Mauer und
die dahinterliegenden Gebäude
geöffnet.

Opening
With public uses along the circle,
the wall and the building behind it
are opened up.

Aktivierung
Entlang der neuen Infrastruktur
werden stark frequentierte und
öffentliche Bereiche angesiedelt
und aktivieren den Hof der Bastei.

Activation
Heavily frequented and public
areas are positioned along the
new infrastructure to activate the
courtyard of the Bastei (bastion).

Blick von außen
Outside view

Decke
Ceiling

Wand
Wall

Möbel
Furniture

Boden
Floor

Ein Kreis verbindet das Eingangsgebäude des Areals und den Feuerwächtersaal, der flexible Nutzungsmöglichkeiten bietet. Die beiden Räumlichkeiten sind – angelehnt an die alte Ziegelmauer – in demselben Rotton gehalten, der sich über die verschiedenen Raumelemente und Materialitäten zieht.

A circle links the entrance building to the grounds and the Feuerwächtersaal (Fire Guards' Hall), which offers flexible options for use. Inspired by the old brick wall, both of these spaces are designed in the same red shade, which embraces various spatial elements and materials.

Der Schlossberg – Burg und Festung, Landschafts- und Naherholungsgebiet

The Schlossberg—Castle and Fortress, Landscape and Local Recreational Area

Otto Hochreiter, Ingrid Holzschuh, Martina Zerovnik,
Kurator*innen Graz Museum Schlossberg / Curators Graz Museum Schlossberg

Die Bedeutung der Stadt Graz war eng mit ihrer militärischen Funktion und diese mit dem Schlossberg verknüpft. Auf dem Schlossberg befand sich vermutlich seit dem 8. Jahrhundert eine Burg. Sie schützte den Marktplatz, aus dem 1180 der politische Mittelpunkt des neu geschaffenen Herzogtums Steiermark wurde, und diente zeitweise als Residenz der Herrscher des Heiligen Römischen Reiches. Unter Kaiser Friedrich III.

Paulus Fürst: Abbildung der Vornehmen Festung und Statt Gratz in der Steyermarkt, 1667, Graz Museum
Paulus Fürst: Illustration of the Noble Fortress and City of Graz in Styria, 1667, Graz Museum

Allarm Batterie
mit dem Brunnenhause und der Fernsicht in das obere Murthal

Josef Kuwasseg: Allarm Batterie mit dem Brunnenhause und der Fernsicht in das obere Murthal, 1845, Graz Museum
Josef Kuwasseg: Alarm Battery with the Well House and the Distant View into the Upper Mur Valley, 1845, Graz Museum

Historically, the importance of the City of Graz was closely associated with its military function, which was in turn directly linked to the Schlossberg (Castle Hill). A castle was probably located on the hill as early as the eighth century AD. It protected the market town, which became the political centre of the newly created Duchy of Styria in 1180. Later, it was the temporary residence of the monarchs of the Holy Roman Empire. Under Emperor Frederick III in the fifteenth century, Graz experienced a heyday and the castle on the Schlossberg became a palace. The most profound transformation occurred in the sixteenth century: the seat of power was expanded into a fortified military complex. Not only did the Schlossberg have to protect the city, but it was also part of a European chain of fortresses built to resist the expansion of the Ottoman Empire. However, the Schlossberg fortress was not attacked until the Napoleonic Wars of 1809. The consequence of this single military conflict was the demolition of its fortifications. This was the beginning of the transformation of the Schlossberg into its present form.

When the military fortifications were blown up in 1809, Graz lost the character of a fortified city. Formerly a no-go area for the public, the Schlossberg was handed over to Styria's provincial government and became a park. In addition to the initiatives of the provincial government, citizens of Graz who had purchased land also contributed to shaping the scenery. Now lush gardens with exotic plants and alleys, romantic arbours and new buildings were created. The hill became an idyllic world in the middle of a city that was gradually becoming industrialised. After decades of political and economic

Unbekannt: Am Schlossberg. Wurda (Feuerwächter
am Balkon der Kanonenhalle), 1901, Graz Museum
Anonymous: On Schlossberg. Wurda (Fire guard on the
balcony of the Cannon Hall), 1901, Graz Museum

erfuhr Graz im 15. Jahrhundert eine Blütezeit und die Burg am Berg wurde zum „Schloss". Im 16. Jahrhundert fand die nachhaltigste Veränderung statt: Der Herrschersitz wurde zu einer befestigten Militäranlage ausgebaut. Nun hatte der Schlossberg nicht nur die Stadt zu schützen, sondern war Teil einer europäischen Kette von Festungen, die gegen die Expansion des Osmanischen Reiches errichtet wurde. Bis zu den Napoleonischen Kriegen wurde die Grazer Festung jedoch niemals angegriffen. Folge der einzigen militärischen Auseinandersetzung um den Schlossberg im Jahr 1809 war die Schleifung der Festungsbauten, mit der die Umgestaltung des Grazer Stadtbergs in seine heutige Gestalt begann.

Mit der Sprengung der Militäranlagen 1809 verlor Graz den Charakter einer Festungsstadt. Vormals Sperrgebiet wurde der Schlossberg dem Land Steiermark übergeben und in eine öffentliche Parkanlage umgewandelt. Neben den Initiativen des Landes gestalteten auch Bürger*innen, die Grundstücke erworben hatten, das Landschaftsbild. Üppige Gärten mit exotischen Pflanzen und Alleen, romantische Lauben und neue Bauten wurden geschaffen. Der Berg wurde zu einer idyllischen Sehnsuchtswelt mitten in einer sich nach und nach industrialisierenden Stadt. Nach politisch und wirtschaftlich unruhigen Jahrzehnten stand die Naturidylle am Schlossberg für den Wunsch nach Ruhe und Frieden. Nur in den Revolutionsjahren um 1848 wurde der Berg noch einmal militärischer Stützpunkt, und im Zweiten Weltkrieg wurde in seinem Inneren eine Stollenanlage als Zuflucht bei Luftangriffen errichtet. Nachdem er Ende des 19. Jahrhunderts in den Besitz der Stadt übergeben wurde, entstanden Aussichtsplätze, Gaststätten und eine Bahn auf den Berg. Schließlich wurde der Schlossberg das zentrale Naherholungsgebiet und geschützte Landschaftsgebiet, das er heute noch ist.

Im 21. Jahrhundert erhielt der Schlossberg schließlich seine jüngste Attraktion. In den noch erhaltenen Gebäuden der ehemaligen Stall- oder Kanonenbastei wurde ein Museum für die Geschichte des Grazer Hausbergs eingerichtet. Im Dezember 2018 wurde für dessen Umsetzung ein Architekturwettbewerb durchgeführt, aus dem das Architekturbüro studio WG3 als Sieger hervorging. Das Graz Museum Schlossberg wurde im September 2020 eröffnet.

unrest, the Schlossberg stood for the desire for peace and quiet. Only in the revolutionary years around 1848 did the fortress once again become a military base, and during the Second World War a tunnel system was built into the depth of the hill as an air-raid shelter. After it came into the possession of the city at the end of the nineteenth century, lookout points, restaurants and a funicular up the hill were built, and the Schlossberg became the central recreational and protected landscape it remains today.

In the twenty-first century, the Schlossberg acquired its latest attraction: the Graz Museum Schlossberg, installed in the former stables and the cannon bastion of the fortress, and devoted to the history of Graz's local hill. In December 2018, a competition was organised for its design, from which the architecture office studio WG3 emerged as the winner. The Graz Museum Schlossberg was inaugurated in September 2020.

Unbekannt: Kaiser-Franz-Josef-Kai und Schloßbergbahn, 1906, Graz Museum
Anonymous: Kaiser-Franz-Josef-Kai and Schlossberg funicular, 1906, Graz Museum

Der Wundergarten
The Garden of Wonders

Martina Zerovnik, Kuratorin Graz Museum Schlossberg / Curator Graz Museum Schlossberg

Der Museumshof ist Eingangsbereich, Treffpunkt, Aufenthaltsbereich und Herzstück des Museums. Hier befindet sich der „Wundergarten", in dem sich alles um Sagen, Legenden und Mythen rund um den Schlossberg dreht. Fünf „Wesen" lassen sich im Wundergarten entdecken: der Teufel, der Panther, der Hund, der Elefant und der Löwe. Diese Fabelwesen erzählen nicht nur sagenhafte Geschichten, sondern sind auch in einen historischen Kontext eingebettet, der den Erzählungen eine zusätzliche Bedeutung verleiht. Sie spiegeln Motive wider, die für die Identität und Repräsentation der Stadt Graz wesentlich sind, transportieren beispielsweise Fragen nach Macht und Glauben und beleuchten die so entstandenen Feind- und Heldenbilder.

Bei der Gestaltung der Wesen stand vor allem die Attraktivität für Kinder und das spielerische Erlebnis im Vordergrund. Sie treten in ungewöhnlicher, abstrahierter Gestalt als interaktive Spielelemente auf und wurden von studio WG3 und BUERO41A in enger Zusammenarbeit mit den Kurator*innen des Graz Museum Schlossberg entwickelt.

The museum courtyard serves as a reception zone, gathering place, common area and centrepiece of the complex. Found here is the 'Garden of Wonders', devoted to fables, legends and myths related to the Schlossberg. Five 'creatures' await discovery: the Devil, the Panther, the Hound, the Elephant and the Lion. Not only do these fabulous creatures narrate mythical tales, but they are themselves embedded in a historical context that endows the narratives with additional meaning. They mirror motifs that are essential to the identity and self-image of the city of Graz, posing questions about power and faith, for example, or illuminating the images of enemies and heroes that emerged in the process.

In designing these creatures, the priority was their appeal to children and their role as a stimulus to playful experience. They make an appearance in unconventional, abstracted forms as interactive play elements, and were developed by studio WG3 and BUERO41A in close collaboration with the curators of the Graz Museum Schlossberg.

Eingang
Entrance

Feuerwächtersaal
Fire Guards' Hall

Baumhain
Group of trees

Teufel
Devil

Elefant
Elephant

Abgang Kasematte
Stairway casemate

Löwe
Lion

Wundergarten
Garden of Wonders

Panther
Panther

Geschichts-parcours
Historical Trail

Graz Blick
View of Graz

Hund
Hound

Der Teufel: Der Sage nach entstand der Schlossberg dadurch, dass der Teufel einen Felsen fallen ließ, der in zwei Teile zerbarst, die an jeweils einer Seite der Mur liegen blieben. Das größere Stück bildete den Schlossberg, das kleinere den Kalvarienberg. Der Teufel hatte den Felsen aus Wut fallen gelassen, da er einer Osterprozession begegnet war und sich daraufhin bewusst wurde, dass er in der heiligen Osterzeit keine Macht besaß. Im Kontext der Gegenreformation und Rekatholisierung kann die Sage als Bekräftigung der Volksfrömmigkeit und des katholischen Triumphs gelesen werden.

The Devil: According to legend, the Schlossberg was created when the devil dropped a boulder, which then broke into two pieces, each remaining on one side of the Mur River. The larger piece formed the Schlossberg, and the smaller one the Kalvarienberg (Calvary Hill). The devil had dropped the boulder in a rage, having encountered an Easter procession and becoming aware of the fact that he was deprived of his powers during the holy Easter season. In the context of the Counter-Reformation and Re-Catholicisation, the legend may be interpreted as an affirmation of popular piety and Catholic triumph.

Der Panther: Das Fabeltier Panther ist ein Mischwesen mit einem Pferdekopf, einer Löwenmähne, einem Löwenschwanz, zotteligen Hinterläufen, kurzen roten Stierhörnern und Klauen – eine Komposition aus Stärke, Macht und Männlichkeit. Als Wappentier von Graz und der Steiermark symbolisiert der Panther Herrschaftsanspruch, Einheit und christliches beziehungsweise städtisches Selbstbewusstsein. Die Sage erzählt, dass der Panther in einer Höhle hauste, in der er nach einem ausgiebigen Mahl drei Tage lang schlief. Beim Erwachen stieß der Panther ein durchdringendes Gebrüll aus. Sein Atem strömte einen betörenden süßen Duft aus, der alle Tiere aus der Umgebung anzog und ihm als Beute zuführte.

The Panther: The mythical creature known as the Panther is a hybrid with a horse's head, lion's mane, lion's tail, shaggy hind legs, short red bull's horns and claws—a composite of strength, power and masculinity. As the heraldic animal of Graz and of Styria, the Panther symbolises claim to power, unity and Christian or civic self-confidence. According to legend, the Panther lay in a cave, where he slept for three days after a copious meal. Upon awakening, he emitted a piercing roar. His breath diffused a bewitching, sweet aroma through the air, attracting all of the animals in the vicinity, which then became his prey.

Der Hund: Nachdem der ungarische König Matthias Corvinus weite Teile der Steiermark unter seine Herrschaft gebracht hatte, löste Friedrich III. die Verlobung seiner Tochter Kunigunde mit Corvinus. Der Sage nach ließ er sie zum Schutz in die Festung auf dem Grazer Schlossberg bringen. Daraufhin entsandte Corvinus 2.000 Männer, die Kunigunde entführen sollten. Sie lagerten zunächst im Wald vor der Stadt, wurden dann aber von zwei Verrätern in die Burg eingelassen. Der Schlosshauptmann wurde jedoch bei seinem Rundgang durch das laute Gebell der Hunde auf die Vorgänge aufmerksam und konnte die Soldaten alarmieren. Sie vertrieben die Ungarn.

The Hound: After the Hungarian King Matthias Corvinus had brought large areas of Styria under his rule, Frederick III cancelled his daughter Kunigunde's betrothal to Corvinus. According to legend, he had her brought to the fortress on the Schlossberg in Graz for her protection. Corvinus then sent a force of 2,000 men, determined to abduct Kunigunde. At first, they camped out in the forest outside the town, but were then admitted to the castle by two traitors. During his rounds, the captain of the castle became aware of these proceedings due to the loud baying of the hounds and was able to alert the soldiers, who then expelled the Hungarians.

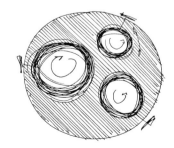

Der Elefant: Die Herkunft des Anfang des 19. Jahrhunderts im Uhrturm gefundenen Elefantenschädels gibt immer noch Anlass zu Spekulationen. Ursprünglich soll der Schädel bei der Thomaskapelle an einem Gerüst gehangen haben, mit einer Inschrift, die auf seine Bedeutung für die Verteidigung und Versorgung der Burg auf dem Schlossberg hinwies. Eine Version der Geschichte sieht den Schädel als Überbleibsel eines von mehreren Elefanten, die im Krieg gegen die Osmanen erbeutet worden waren und anschließend als Lasttiere beim Bau der Festung eingesetzt wurden.

The Elephant: The origin of an elephant skull discovered in the clock tower in the early nineteenth century has given rise to much speculation. Originally, the skull is said to have hung from a truss in the Chapel of St Thomas, with an inscription explaining its significance for the defence and provisioning of the castle and the Schlossberg. One version of the story explains the skull as a remnant of a small herd of elephants captured during the war against the Ottomans, and subsequently used as pack animals during construction of the fortress.

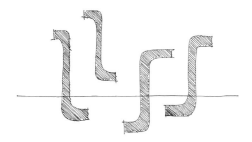

40

Der Löwe: Major Hackher zu Hart war von Erzherzog Johann 1809 die Verteidigung des Schlossbergs gegen die Napoleonische Armee übertragen worden. Der Belagerung durch die französischen Truppen konnte standgehalten werden. Als Österreich jedoch im Krieg unterlag, musste auch der Schlossberg aufgegeben und die Festung geschliffen werden. 1909 wurde zum Gedenken an Major Hackher auf dem oberen Schlossbergplateau ein Bronzelöwe von Otto Jarl errichtet. 1941 wurde dieser als Adolf-Hitler-Metallspende gestiftet und eingeschmolzen. 1966 trat eine an die ursprüngliche Ausführung angelehnte Löwenfigur von Wilhelm Gösser an dieselbe Stelle.

The Lion: In 1809, Major Hackher zu Hart was entrusted by Archduke Johann with defending the Schlossberg against Napoleon's army. Resistance to the siege by the French troops was successful. When Austria was defeated, however, the Schlossberg too was surrendered and the fortifications demolished. In 1909, a memorial to Major Hackher—in the form of a bronze lion created by Otto Jarl—was erected on the uppermost plateau of the Schlossberg. In 1941, the lion was given away as a 'public donation of metal to Adolf Hitler' and melted down. In 1966, a figure of a lion was put in its place; based on the original, it is the work of Wilhelm Gösser.

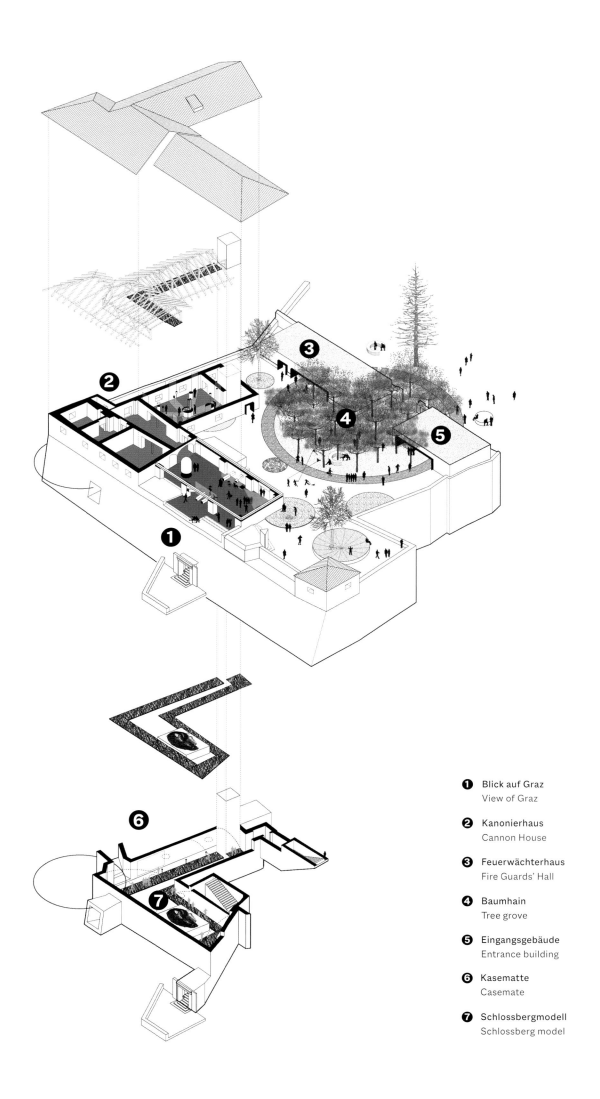

1 Blick auf Graz
View of Graz

2 Kanonierhaus
Cannon House

3 Feuerwächterhaus
Fire Guards' Hall

4 Baumhain
Tree grove

5 Eingangsgebäude
Entrance building

6 Kasematte
Casemate

7 Schlossbergmodell
Schlossberg model

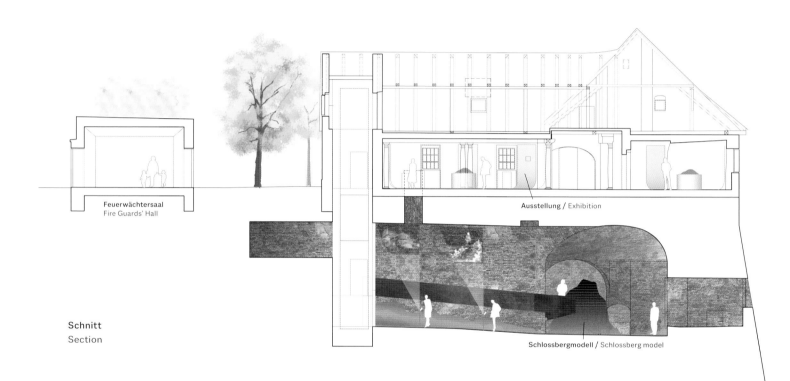

Feuerwächtersaal
Fire Guards' Hall

Schnitt
Section

Ausstellung / Exhibition

Schlossbergmodell / Schlossberg model

Ein Museum für alle
A Museum for All

Martina Zerovnik, Kuratorin Graz Museum Schlossberg / Curator Graz Museum Schlossberg

Das Graz Museum Schlossberg auf der einstigen Stall- oder Kanonenbastei besteht aus vier Ausstellungsformaten, die eine niederschwellige und barrierefreie Begegnung mit der Geschichte des Schlossbergs ermöglichen. Die Formate bieten Entschleunigung im Wundergarten, einen kommentierten Blick auf die Stadt – der für blinde und sehbeeinträchtigte Menschen auch in ein Tastrelief übersetzt wurde –, einen Geschichts-Parcours durch Epochen der Herrschaft und der bürgerlichen Aneignung sowie einen Blick in das Innere des Bergs. Alle Bereiche werden getragen von der Besonderheit des historischen Ortes, an dem sich das Museum befindet, und überführen das Areal zugleich in die Gegenwart. Auf ein flanierendes Publikum ausgerichtet, nimmt das Graz Museum Schlossberg eine öffnende, einladende und inkludierende Haltung ein, die sich auch in der architektonischen Gestaltung ausdrückt. Im Zuge einer engagierten und intensiven Zusammenarbeit mit den Architekt*innen von studio WG3 und BUERO41A entstand ein Museum, das die erste Anlaufstelle für alle Besucher*innen des Schlossbergs ist.

The Museum consists of four exhibition formats, offering low-threshold and barrier-free encounters with the history of the Schlossberg. These include a Garden of Wonders, a view of the city with commentary (which has been translated into a touch relief for the benefit of blind and visually impaired visitors), a historical trail through various eras of sovereign rule and bourgeois appropriation, and a view into the hill's interior. All of these areas are sustained by the singular character of the historic location that is home to the museum, while at the same time transferring the premises to the present. Oriented toward a strolling public, the ambitions of the Graz Museum Schlossberg to be open, inviting and inclusive are expressed in the architectural design. Emerging from a committed and intensive collaboration with the architects of studio WG3 and BUERO41A, the museum serves as the initial point of contact for all visitors to the Schlossberg.

Graz-Blick: Von der Kanonenhalle der Stall- oder Kanonenbastei hat man eine weite Aussicht auf Graz und seine Umgebung. Auf einem beweglichen, interaktiven Bildschirm kann man in Echtzeit zwischen dem aktuellen und dem historischen Stadtpanorama wechseln und damit die Entwicklung verschiedener Plätze und Gebäude im Laufe der Jahrhunderte nachvollziehen.

View of Graz: The Cannon Hall of the Stable or Cannon Bastion offers a sweeping view of Graz and its surroundings. A moving, interactive screen allows visitors to switch between the current and the historical city panorama in real time, thus tracing the development of various squares and buildings over the centuries.

Geschichts-Parcours: Im ehemaligen Kanonierhaus erfahren die Besucher*innen anhand von
naturkundlichen und historischen Exponaten den
geschichtlichen Zusammenhang der aktuellen,
nicht mehr bestehenden und nicht realisierten
Sehenswürdigkeiten des Schlossbergs, geleitet
durch die Farbgebung der Ausstellungsarchi-
tektur: Noch bestehende Sehenswürdigkeiten
werden in weiß gebeiztem, nicht mehr existieren-
de in schwarz gebeiztem Ausstellungsmobiliar
gezeigt, Schlossbergutopien, die nie umgesetzt
wurden, in schimmernder Perlmuttfarbe.

Historical Trail: in the Cannon Hall, exhibits from
the realms of natural history and history offer
visitors insight into the existent, defunct or
utopian attractions of the Schlossberg, guided by
items of furniture in the corresponding colours:
extant attractions are presented in white-stained
exhibition furniture, while those that no longer
exist are displayed in black-stained units. Shim-
mering mother of pearl furnishings showcase
Schlossberg utopias that remain unrealized.

Ein großes Schlossbergmodell sowie eine multimediale Präsentation in der Kasematte zeigen den Wandel vom kahlen Festungsberg zur Grünanlage, erklären die vorhandenen Gebäude und geben Einblicke in das Innere des Schlossbergs und sein Stollensystem.

A large model and a multi-media presentation on display in the casemate show the evolution of the Schlossberg from a bleak fortress hill to a green area and provide information about the existing buildings as well as insights into the interior of the Schlossberg and its tunnel system.

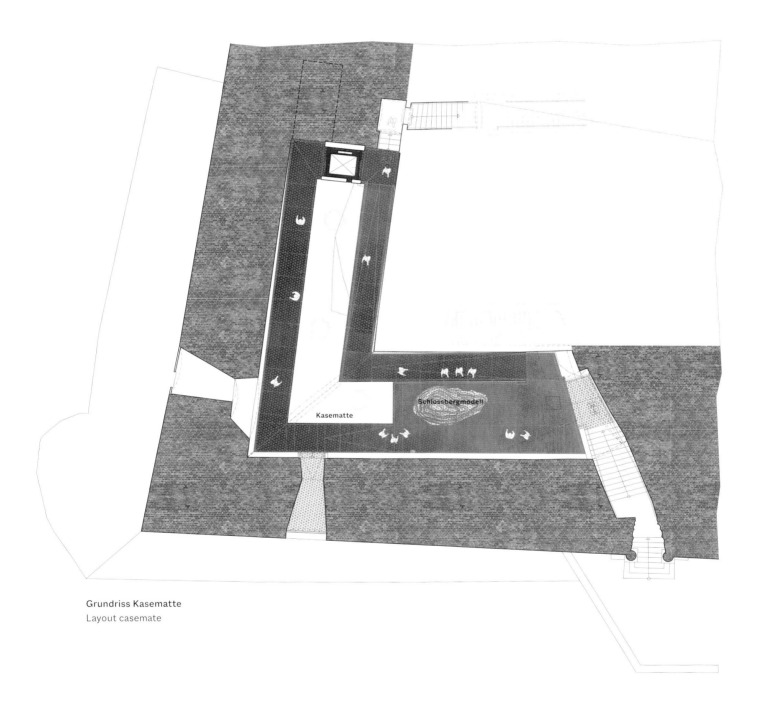

Kasematte

Schlossbergmodell

Grundriss Kasematte
Layout casemate

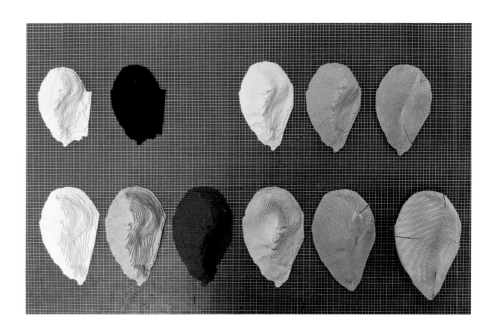

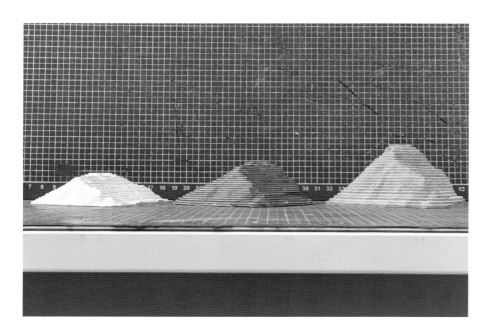

Für die Entwicklung des Modells wurde eine
Machbarkeitsstudie beim Institut für Grund-
lagen der Konstruktion und des Entwerfens,
TU Graz, beauftragt. Das daraus hervorgegan-
gene Modell ist eine Polygonkonstruktion aus
filigranem Aluminiumlochblech im Maßstab
1:200, ergänzt durch Acrylglaselemente für
Gebäude und das Innenleben des Schlossbergs.

For the development of the model, a feasibility
study was commissioned from the Institute of
Construction and Design Principles at the Graz
University of Technology. The resulting model
is a polygonal structure consisting of filigree
perforated aluminium sheet on a scale of 1:200,
supplemented by acrylic glass elements for
buildings and the interior of the Schlossberg.

KAI 36, GRAZ
LAM ARCHITEKTUR STUDIO, GRAZ

Sensorische Atmosphären
Shaping Sensorial Atmospheres

Gabi Schillig, Kuratorin Architekturpreis des Landes Steiermark 2021 /
Curator The Styrian Architecture Award 2021

Am Fuß des Grazer Schlossbergs, am Rande der Altstadt zwischen Fels und Fluss, befindet sich das „KAI 36". In der zweiten Hälfte des 16. Jahrhunderts erbaut, liegt das Haus mit seinem langen, schmalen Grundstück an der Straße und schmiegt sich im hinteren Bereich terrassenartig an den Bergfelsen. Für den Bauherrn und die Architekt*innen von LAM ARCHITEKTUR STUDIO handelte es sich um ein herausforderndes Projekt, bei dem Historisches erhalten werden und zeitgenössische Architektur ihren Platz finden sollte. Durch einen behutsamen Entwicklungs-, Planungs- und Bauprozess ist nun mit dem Hotel „KAI 36" ein besonderer Ort entstanden.

Das aus Haupthaus, Hofflügel, Stöckl und Terrassen bestehende Ensemble ermöglicht ein besonderes Raumerlebnis: Während die Architektur von der Straße aus geradezu an den Berg heranwächst, ist in ihr kein Raum wie der andere. Auf dem Weg nach oben stößt man im Bestandsgebäude sowie in den neuen monolithischen Baukörpern auf verwinkelte Gänge, unerwartete Durch- und Einblicke, fließende Übergänge zwischen Innen- und Außenraum.

Charakteristisch sind die vielfältigen, sich in der Bewegung durch die Räume verändernden Bezüge von Körper – Innenraum –

Located at the foot of the Schlossberg in Graz, on the edge of the old town between the rocky hill and the river, is a building known as 'KAI 36'. Built in the early sixteenth century, the house—with its elongated, narrow site set directly on the street—is nestled against the hillside at the far end in a terraced fashion. For both the client and the architects of LAM ARCHITEKTUR STUDIO, the project to convert the house into a hotel presented a challenge that involved preserving historical structures while creating a setting for contemporary architecture. A meticulous process of development, planning and building has resulted in something truly special in this singular location: Hotel 'KAI 36'.

The architectural ensemble, consisting of the main house, courtyard wing, annex and terraces, offers a remarkable spatial experience. While the architecture seems to grow organically from the street towards the hillside, no individual space resembles any other. When walking up the stairs, whether in the existing building or in the new, monolithic structures, visitors encounter twisting corridors, unexpected vistas and interior views, and flowing transitions between interior and exterior space.

Characteristic features are the manifold relationships between one's body and interior or exterior spaces, which constantly change

Außenraum und die Blickbezüge zu den umliegenden Gebäuden sowie zur Stadt. Wie im Inneren der Gebäude begegnet man auch auf dem Weg im Außenraum Fotografien, Malereien, Drucken, raumbezogenen Objekten und Skulpturen aus der Sammlung des Bauherrn, die integraler Teil der terrassenartigen Architektur und der Dachlandschaft sind. Die geneigten Dächer der neuen Baukörper, kristallartige Mischformen aus Sattel- und Walmdach, fügen sich in die Grazer Dachlandschaft ein.

In den Innenräumen fallen die Details, fällt der atmosphärische Umgang mit verschiedenen Materialien auf. Dem Architekturbüro ist es hier herausragend gelungen, durch einen spielerischen Umgang, aber auch durch hartnäckige Verhandlungsprozesse mit dem Denkmalschutz und durch das Meistern unwägbar scheinender Gegebenheiten, ungewöhnliche Lösungen in den Details zu entwickeln: Schützenswertes wurde erhalten und Zeitgemäßes ermöglicht.

Besonders bestechend sind dabei die improvisiert gestalteten, visuell-haptischen Momente in den Innenräumen: Salatschüsseln aus Stein wurden zu Handwaschbecken, alte Material- und Steinreste wie Sockelleisten, die im Großhandel keine Abnehmer*innen mehr fanden, wurden zu Fußbodenfragmenten und zu neu geformten, ressourcenschonenden, sensibel gestalteten Elementen der Architektur.

as one moves through the complex, and the visual links to the surrounding buildings and the city. In the building's interior, as well as while strolling through the outdoor space, guests encounter photographs, paintings, prints, site-specific objects and sculptures from the owner's art collection, which form integral elements of the terraced architecture and the roof landscape. The inclined roofs of the new buildings, crystal-like forms that combine saddle and hip roofs, harmoniously blend in with the roofscape of Graz.

Striking in the interior spaces is the detailing and the use of different materials to create an atmosphere. Here, through a playful approach, combined with tenacious negotiations with the historic preservation authorities and the mastery of seemingly imponderable circumstances, the architects have been exceptionally successful in arriving at unconventional solutions regarding details: features worthy of protection have been retained, but contemporary elements are accommodated as well.

Particularly captivating are the improvised designs and visual-haptic aspects of the interiors: stone salad bowls become washbasins, old material and stone remnants such as baseboards become floor fragments and newly formed, resource-conserving, sensitively designed elements of the architecture.

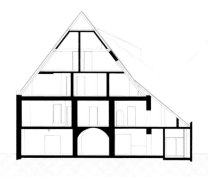

Querschnitt
Cross section

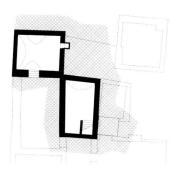

Längsschnitt
Longitudinal section

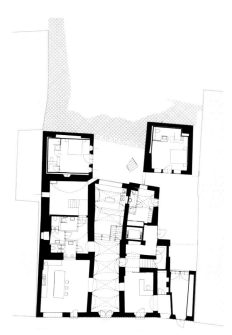

Kellergeschoss
Basement level

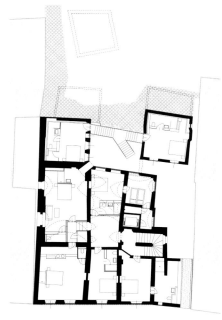

Erdgeschoss
Ground floor

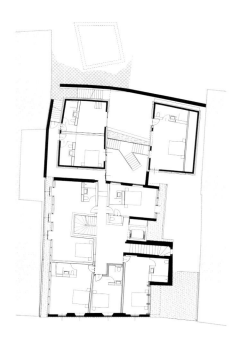

1. Obergeschoss
First floor

2. Obergeschoss
Second floor

Die alte Bausubstanz des denkmalgeschützten
Gebäudes mit Schopfwalmgiebel brachte beim
Umbau einige Herausforderungen mit sich.

During conversion, old structural fabric of the
listed building with its crested hipped gable
presented a number of challenges.

VOLKSSCHULE LEOPOLDINUM – SMARTCITY, GRAZ

ALEXA ZAHN ARCHITEKTEN, WIEN

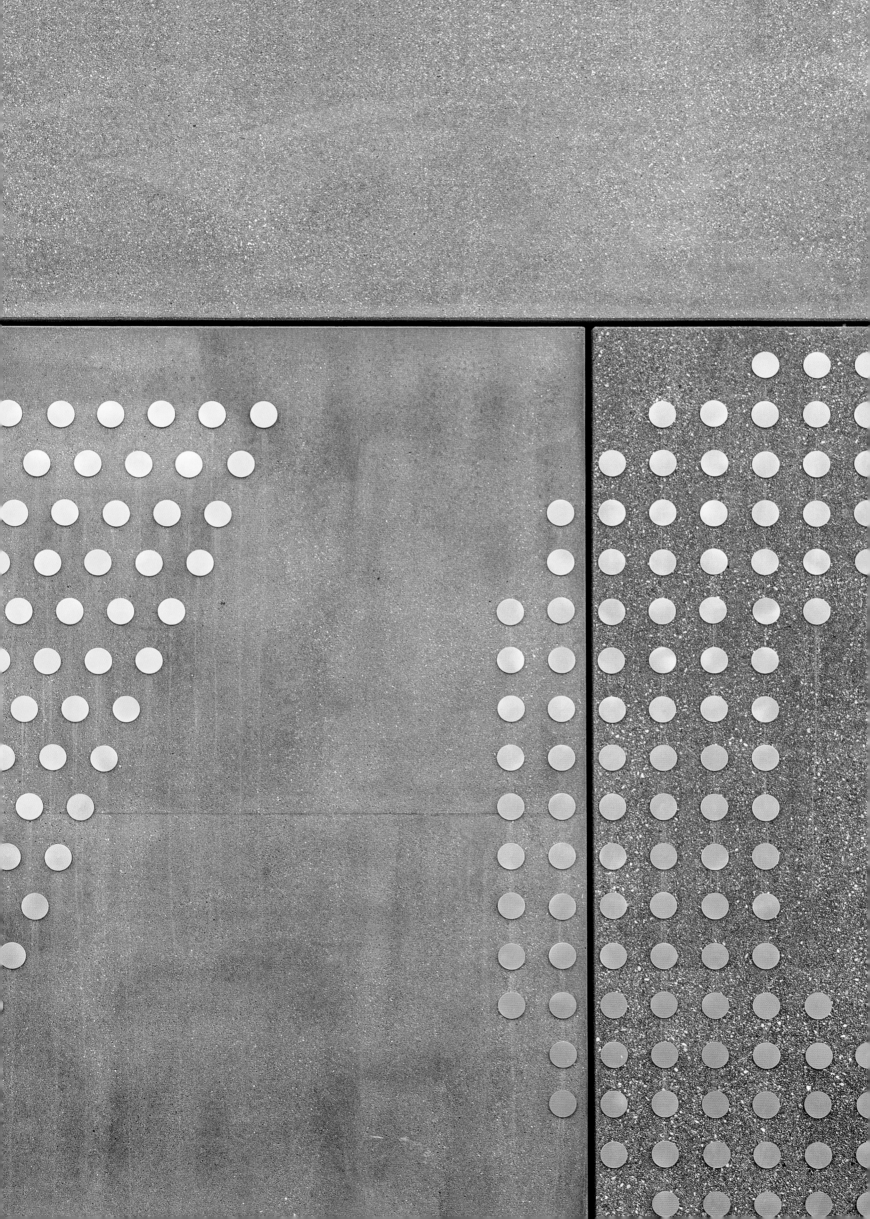

Räumliche Begegnungen
Spaces of Encounter

Gabi Schillig, Kuratorin Architekturpreis des Landes Steiermark 2021 /
Curator The Styrian Architecture Award 2021

Mit „SmartCity Graz" entsteht im ehemaligen Industriegebiet nördlich des Hauptbahnhofs ein Stadtquartier, in dem sich Wohnraum mit öffentlichen Räumen verbindet. Das Quartier ist noch im Werden, und in diesem Zustand steckt sein Potenzial.

Auch die von alexa zahn architekten konzipierte „Volksschule Leopoldinum" verkörpert als Teil des Stadtquartiers das Konzept des Unfertigen: Im Unabgeschlossenen des als viergeschossiger, monolithischer Baukörper in Betonbauweise errichteten Schulcampus liegt Offenheit, liegen Chancen, Räume umzuformen, die aktuelle Nutzung und die gesammelten Erfahrungen von Schüler*innen und Lehrenden einzubeziehen und im Idealfall partizipative Prozesse zu ermöglichen. Diese Zeit des Ausprobierens kann und sollte auf die zukünftige Gestaltung von Räumen zurückwirken.

Ein erster Baukörper steht bereits, ein zweiter, direkt anschließender, komplettierender Bau ist in Planung. Nähert man sich dem Gebäude, findet man sich zunächst auf einem offenen Vorplatz wieder, der den Schüler*innen einen gemeinschaftlichen Raum zum Ankommen bietet. Dieser zentrale Platz erweitert sich in das Innere

Currently under development in a former industrial zone north of the main train station is 'SmartCity Graz', an urban district that links residential and public spaces. The district is in a state of becoming, which gives it great potential.

As a component of the new district, the 'Leopoldinum Primary School', designed by alexa zahn architekten, embodies the concept of incompleteness: the currently unfinished state of the campus—an ensemble of four-storey, monolithic concrete buildings—represents openness, providing opportunities to reshape spaces, to integrate current forms of use, along with the accumulated experiences of pupils and teachers, and ideally to facilitate participatory processes. This time of testing is intended to shape the future design of individual rooms.

The first building has reached completion, and a second complementary, immediately adjacent structure is currently in the planning stage. Approaching the building, visitors enter an open forecourt that offers pupils a common space for arriving and settling in. This central plaza extends into the interior of the building. The openness it offers—also in height across the two storeys—provides for a variety of potential

74

des Gebäudes. Durch die Offenheit – auch in der Höhe über zwei Etagen hinweg – entstehen vielfältige Nutzungsmöglichkeiten, Blickbeziehungen, Einblicke und Ausblicke. Die große, breite Treppe wird zu einem Ort des Verweilens, zum Treffpunkt. Die Klassenzimmer und Lernbereiche erstrecken sich mit ähnlichen Merkmalen über alle Etagen: Transparenz, helle Räume und Blickbezüge, sowohl ins Gebäude hinein als auch nach außen. Im Gebäude selbst weiten sich die Flure zu offenen Zonen, werden Begegnungsorte, die auf jeder Etage etwa als kleine Forschungslabore, freie Spielflächen oder als Rückzugsorte der Schüler*innen genutzt werden. Die Klassenzimmer sind keine abgeschlossenen Einheiten in einem architektonischen Gefüge, sondern erweitern sich zu offenen Freiräumen innerhalb und außerhalb des Baukörpers.

Auch die auf jeder Ebene in den Baukörper eingeschnittenen großen Terrassen erweitern das Klassenzimmer in den Außenraum. Große Fenster und gläserne Türfronten schaffen eine räumliche und visuelle Verbindung zwischen innen und außen sowie zur umliegenden städtischen Bebauung und Landschaft. Die Terrasse im obersten Stockwerk erweitert sich zu einem Forscher*innengarten.

Nachdem der südliche Teil der Volksschule fertiggestellt wurde, soll der Schulcampus in einer zweiten Planungs- und Bauphase um die Neue Mittelschule vervollständigt werden.

uses and establishes visual links with views of outdoor and interior spaces. The broad, expansive staircase becomes a place to pause, mingle and interact. The classrooms and study areas, which have similar features—transparency, bright spaces and visual links to both the interior and exterior—extend throughout the building. On each level, corridors broaden into public zones, spaces of encounter that serve students as small research labs, open play areas or places of retreat. Far from being self-contained units within the architectural fabric, the classrooms expand to form free, open spaces located both within and outside the building.

Also extending the classrooms into the outdoor space on each level are large terraces that have been incised into the structure. Generous windows and glazed door fronts generate spatial and visual links between interior and exterior, as well as with the urban surroundings and the landscape. The terrace on the uppermost level extends into an exploratory garden.

Now that the primary school has reached completion on the southern part of the campus, a second planning and construction phase will be devoted to realising the new secondary school.

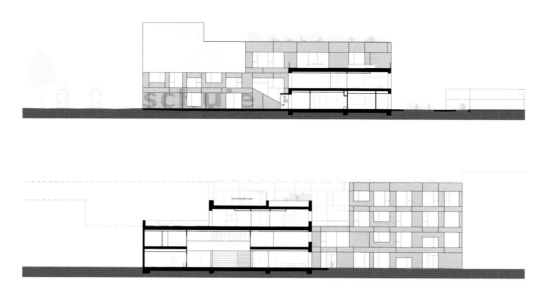

Schnitte
Sections

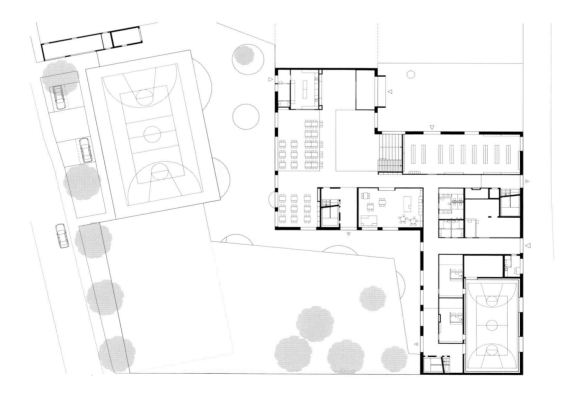

Grundriss
Layout

SCHNEEBAUER GESCHWISTER, ST. STEFAN OB STAINZ

KUESS ARCHITEKTUR, LIEBOCH

Architektonische Verwandtschaften
(Re)Constructing Spatial Relations

Gabi Schillig, Kuratorin Architekturpreis des Landes Steiermark 2021 /
Curator The Styrian Architecture Award 2021

Ein kleiner Ort inmitten der weststeirischen Weingegend und eine Straße, die sich im Ort den Hang nach oben schlängelt. Man muss aufmerksam sein, um hier die von KUESS Architektur errichteten „Schnee-bauer Geschwister" an der Straßenseite, inmitten der anderen Häuser, zu entdecken. Einmal angekommen und das Grundstück betretend, eröffnet sich die Weite des Gartens, der durch die vier Geschwister-Gebäude „Resi", „Liese-Lotte", „Hias" und „Mitzi" offen gefasst ist. Jedes davon bringt, als sei es ein Mensch, eigene Geschichten mit sich, hat individuelle Eigenschaften – und Eigenheiten.

Am Ende des Gartens öffnet sich der Raum mit weitem Blick in die Weinberge. Dort steht „Mitzi", ein kleines Holzhaus, das als historischer Holzblockbau eines Schilcher-hauses neu an diesem Ort ist. Flach, in Einzelteilen zusammengelegt, war es ein-gelagert, bevor es auf dem kleinen Fahnen-grundstück am Weinhang wiederaufgebaut wurde. „Liese-Lotte" hingegen entstand auf den Mauern des Altbestandes in neuarti-ger Holzbauweise. „Resi" wurde „als bereits vorhandenes bestehendes Gebäude öko-logisch auf den Ursprung in allen Details zurückgeführt". Das Saunahaus „Hias" komplettiert das Ensemble schließlich zum Quartett. Die vier Häuser sind „hybride

On a street that meanders upwards along a sloping terrain in the midst of the wine region of Western Styria, you will need to pay close attention to discover the 'Schneebauer Geschwister'. The work of KUESS Architektur, this group of residential buildings is set on the roadside amidst other houses. Opening up to visitors arriving at the site is an expan-sive garden that is loosely framed by the four architectural 'siblings', which bear the names 'Resi', 'Liese-Lotte', 'Hias' and 'Mitzi'. Just like human beings, each has its own narrative and displays individual traits and idiosyncrasies.

At the end of the garden, the site widens to offer a broad view of the vineyards. Stand-ing there is 'Mitzi', a small Schilcherhaus (winemaker's house typical of the region) in log construction that is new to the area. It was stored flat as an ensemble of individual parts before being assembled on this small plot, closely linked to the street, on a sloping site in the vineyards. 'Liese-Lotte', in con-trast, was erected in an innovative form of wooden construction on the masonry sub-structure of an older building. A pre-existing building, 'Resi' was 'returned to its origins in an ecological way'. Completing the quartet is the sauna house 'Hias'. The four houses are hybrid types embodying various temporali-ties, histories and materialities. Architectural

Liese-Lotte

Wesen", sie verkörpern unterschiedliche Zeiten, Geschichten und Materialitäten. Architektonische und historische Fragmente wurden hier in einen neuen Kontext gestellt.

Die Architektur der „Schneebauer Geschwister" entstand als kollaboratives Projekt. Die enge Zusammenarbeit mit den Handwerker*innen aus der Region ist in den Häusern spürbar: die ökologische Bauweise, etwa mit Lehmschlämme und Lehmputz, der sensible Umgang mit unterschiedlichen Materialien wie Holz, Stein, Beton und Cortenstahl, die Details der Innenmöblierung und der Treppen, gelenkte Durch- und Einblicke. Entstanden sind Raumsituationen wie die Dusche im „Resi"-Haus, die mit ihrer transparenten Glaswand als Quader aus dem Haus in den Weinberg ragt, sodass man sich beim Duschen zwar im Inneren befindet, aber doch gleichzeitig im Außen, inmitten der Natur. Das Spielerische dieser architektonischen Grenzverschiebungen macht die „Schneebauer Geschwister" zu einem besonderen Ort der Baukultur in der Steiermark.

and historical fragments have been placed in a new context here.

The architecture of the 'Schneebauer Geschwister' emerged as a collaborative project. The close cooperation with master craftsmen from the region becomes perceptible in the ecological construction methods, for example using clay slurry and clay plaster, the sensitive treatment of various materials such as wood, stone, concrete, and Corten steel, the details of the inner furnishings and staircases, and the deliberately created views of the landscape and into the buildings. This approach has resulted in spatial situations such as the shower room in 'Resi', a transparent glass cuboid that juts out from the building into the vineyards, so that when showering, users are indoors, but at the same time outdoors, in the midst of nature. It is the sheer playfulness of this architectural shifting of boundaries that makes the 'Schneebauer Geschwister' so special for building culture in Styria.

Mitzi

Hias

Ansicht
Elevation

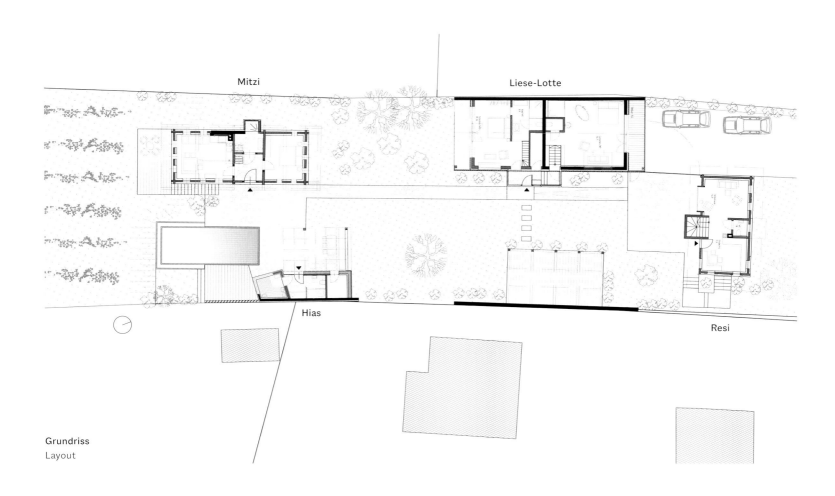

Mitzi

Liese-Lotte

Hias

Resi

Grundriss
Layout

„Mitzi" ist ein altes, andernorts abgetragenes Bauernhaus, das nach 15 Jahren Lagerung an neuer Stelle wiederaufgebaut wurde, ergänzt durch eine maßgeschneiderte, als Wohnraum nutzbare Unterkellerung.

'Mitzi' is an old farmhouse that was disassembled and reassembled at a new location after being stored for 15 years. It has now been supplemented by a custom-made basement level that can serve as living space.

PREISTRÄGER / WINNER

Graz Museum Schlossberg, studio WG3

Projekt:
Graz Museum Schlossberg

Architektur:
studio WG3, Albert Erjavec, Matthias Gumhalter, Christian Reschreiter, Jan Ries, Graz

Projektleiter:
Christian Reschreiter, Albert Erjavec

Projektmitarbeiterin:
Verena Wührleitner

Ausstellungsdesign und -grafik:
BUERO41A, Christina Zettl, Thomas Untersweg, St. Margarethen an der Raab / studio WG3, Albert Erjavec, Matthias Gumhalter, Christian Reschreiter, Jan Ries, Graz

Landschaftsarchitektur:
studio boden, Andreas Boden, Graz

Kurator*innen:
Otto Hochreiter, Graz Museum,
Ingrid Holzschuh, Wien,
Martina Zerovnik, Graz Museum

Entwicklung Corporate Design:
EN GARDE Interdisciplinary GmbH, Valentin Zhuber-Okrog

Statik:
Dipl.-Ing. Gerhard Baumkirchner, staatl. bef. u. beeid. Ziviltechniker, Graz

Totalunternehmerin / Baumanagement:
GBG Gebäude- und Baumanagement Graz GmbH, Wolfgang Frischenschlager, Graz

Bauherrschaft:
Stadt Graz, vertreten durch Stadtmuseum Graz GmbH, Stadtbaudirektion, Abteilung für Immobilien

www.wg3.at

ANERKENNUNGEN / RECOGNITIONS

KAI 36, LAM ARCHITEKTUR STUDIO

Projekt:
KAI 36

Architektur:
LAM ARCHITEKTUR STUDIO, Graz

Projektleiterin:
Birgit Kilzer

Projektmitarbeiter*innen:
Andreas Kassl, Charlotte Werner, Melissa Bacher, Rebekka Hirschberg, Siegfried Streitfelder, Theresa Schleinitz, Wolfgang Timmer, Daniela Walder

Statik:
HESS Engineers, Graz

Örtliche Bauaufsicht:
Langmann BauManagement GmbH, Thal

Bauherrschaft:
Helmut Marko, Graz

www.lam.co.at

Schneebauer Geschwister, KUESS Architektur

Projekt:
Schneebauer Geschwister

Architektur:
KUESS Architektur, Lieboch

Projektleiterin:
Nina Kuess

Projektmitarbeiter:
Rene Märzendorfer

Örtliche Bauaufsicht:
KUESS Architektur, Lieboch

Bauherrschaft:
privat

www.kuess.cc

Volksschule Leopoldinum – SmartCity, alexa zahn architekten

Projekt:
Volksschule Leopoldinum – SmartCity

Generalplanung + Architektur:
alexa zahn architekten, Wien

Projektleiterin:
Alexa Zahn

Projektmitarbeiter*innen:
Julia Eizinger, Orestis Kyriakides, David Lieser, Naomi Dutzi, Lisa Hirsch, Riham Ramadam, Clara Hamann, Nina Zawosta

GP Management:
integral Ziviltechniker GmbH, Graz

Statik:
Werkraum Ingenieure ZT GmbH, Wien

TGA HKLS:
teamgmi Ingenieurbüro GmbH, Wien

TGA Elektro:
Kubik Project GesmbH, Gießhübl

Bauphysik:
DR. PFEILER GmbH, Graz

Brandschutz:
Norbert Rabl Ziviltechniker GmbH, Graz

Freiraum/Pflanzkonzept:
Marlis Rief, Wien

Bauherrschaft:
Stadt Graz, vertreten durch die Abteilung für Bildung und Integration, Stadtbaudirektion, GBG und Abteilung für Immobilien

www.alexazahn.net

WEITERE EINREICHUNGEN / FURTHER SUBMISSIONS

.tmp architekten
Schulcampus Leutschach |
Mittelschule + Musikverein
Leutschach an der Weinstraße

Alexander Gurmann Architekten
Villa in der Kirschengasse
Graz

ARCHITEKT SCHLÖMICHER
Kräuterkindergarten
Bad Mitterndorf

Architekten Schafler Pretterhofer
Funktionssanierung Volksschule
Pischelsdorf am Kulm

Architekturbüro Kampits & Gamerith
Rosa und Heinrich, Zuhause am Leech
Graz

Architekturbüro Pittino & Ortner
Neubau Gemeindezentrum
Fernitz-Mellach

Architekturbüro Waclavic
Wohnhaus M39
Graz

balloon architekten
Peter-Tunner-Schulzentrum
Deutschfeistritz

BERKTOLD WEBER Architekten
Kindergarten/Kinderkrippe Mühlgasse
Lannach

COMMOD-Haus
LAMELLO HOUSE
Stainz

Dietrich | Untertrifaller Architekten
legero united campus
Feldkirchen bei Graz

EDERER + HAGHIRIAN ARCHITEKTEN
Rathaus
Premstätten
fasch&fuchs.architekten

Portalgestaltung Gleinalmtunnel
St. Michael

Franz und Sue
Bildungszentrum Innenstadt
Leoben

Hohensinn Architektur &
balloon architekten
Quartier 7 – Graz Reininghaus
Graz

KREINERarchitektur
10er-Gondelbahn Planai
Schladming

KREINERarchitektur
Gesundheitszentrum
Admont

KREINERarchitektur
Sanierung und Erweiterung
Volksschule Pruggern
Michaelerberg-Pruggern

Nussmüller Architekten
Forstverwaltung Schloss Ruhefeld
Frohnleiten

Pilzarchitektur
2 Firmenzentralen in Graz
Graz

schwarz.platzer.architekten
KooWo Volkersdorf
Eggersdorf bei Graz

Viereck Architekten
The Eagle – Kreischberg Gipfelrestaurant
St. Georgen am Kreischberg

Zechner & Zechner
Merkur Campus
Graz

IMPRESSUM / IMPRINT

© 2021 by jovis Verlag GmbH

Das Copyright für die Texte liegt bei den Autor*innen. Das Copyright für die Abbildungen liegt bei den Fotograf*innen / Inhaber*innen der Bildrechte.
Texts by kind permission of the authors. Pictures by kind permission of the photographers / holders of the picture rights.

Herausgeber*innen / Editors:
Haus der Architektur, Beate Engelhorn, Gabi Schillig

Fotografien / Photographs:
BUERO41A; DronePix.at; Rebekka Hirschberg; Hertha Hurnaus; Nina Kuess; Julian Lança Gil; Karin Lernbeiß | LUPI SPUMA; KOEN/Iulius Popa; Helmut Marko Hotels, Dietmar Reinbacher; Christian Repnik; Robert Staffl, BVK; Christa Strobl; studio WG3; Wolfgang Thaler/Graz Museum; Janosch Webersink

Plangrafiken / Drawings:
Architekturbüros / architecture studios

Skizzen Wundergarten / Sketches Wondergarden:
BUERO41A

Film / Film:
Regie: Moritz Dirks & Otto Stockmeier; Kamera: Robert Staffl; Produktion: www.reframevideos.com

Texte / Texts:
Gabi Schillig, Otto Hochreiter, Ingrid Holzschuh, Martina Zerovnik
Mit Vorworten von Christopher Drexler und Beate Engelhorn

Redaktion / Editing:
Yvonne Bormes, Graz

Übersetzung / Translation:
Ian Pepper, Berlin

Übersetzung / Translation "The Schlossberg—Castle and Fortress, Landscape and Local Recreational Area":
Otmar Lichtenwörther, Graz

Lektorat und Korrektorat (Deutsch) / Copy editing and proofreading (German):
Julia Blankenstein, Berlin; Martin Conrads, Berlin (S. 14–17, 60–63, 72–75, 84–87)

Lektorat (Englisch) / Copy editing (English):
Melissa Larner, Ditchingham

Korrektorat (Englisch) / Proofreading (English):
Bianca Murphy, Hamburg

Gestaltung und Satz / Design and setting:
Sonja Frank Grafikdesign, Berlin

Lithografie / Lithography:
Bild1Druck, Berlin

Gedruckt in der Europäischen Union / Printed in the European Union

Bibliografische Information der Deutschen Nationalbibliothek
Die Deutsche Nationalbibliothek verzeichnet diese Publikation in der Deutschen Nationalbibliografie; detaillierte bibliografische Daten sind im Internet über http://dnb.d-nb.de abrufbar.
Bibliographic information published by the Deutsche Nationalbibliothek
The Deutsche Nationalbibliothek lists this publication in the Deutsche Nationalbibliografie; detailed bibliographic data are available on the Internet at http://dnb.d-nb.de

jovis Verlag GmbH
Lützowstraße 33
10785 Berlin

www.jovis.de

jovis-Bücher sind weltweit im ausgewählten Buchhandel erhältlich. Informationen zu unserem internationalen Vertrieb erhalten Sie von Ihrem Buchhändler oder unter www.jovis.de.
jovis books are available worldwide in select bookstores. Please contact your nearest bookseller or visit www.jovis.de for information concerning your local distribution.

ISBN 978-3-86859-694-6

www.hda-graz.at

Preis gestiftet von / Unterstützung von Publikation und Film / Prize endowed by / support of publication and film

Dieses Buch entstand mit großzügiger Unterstützung von / This book was published with the generous support of

HDA – Haus der Architektur unterstützt von / supported by

Wir danken unserem Kooperationspartner / We would like to thank our cooperation partner